Quiéreme Delicadamente

Un Guía Infantil para El Mejor Amigo del Hombre

Por Lisa Wiehebrink

Ilustrado por Eleanor Harbison

D1451084

Para mis hijos Henry y Jack, mi gran inspiración

ISBN-13: 978-1544028019
ISBN-10: 1544028016

Hola! Mi nombre es Henry y yo estoy tan emocionado
porque mi familia acaba de adoptar un nuevo cachorro.
Lo llamamos Cooper. Tener un cachorro es divertido, pero
hay mucho que tenemos que aprender. Lo más importante
es que si quiero a Cooper delicadamente, él crecerá y será
el mejor perro que existe y yo tendré un amigo magnífico.

¡Oof! Los cachorros comen mucho. Mamá dice que es porque están creciendo exactamente como yo. Cuando Cooper está comiendo, no me acerco a él o a su tazón de comida. Es posible que piense que estoy tratando de tomar su comida y podría gruñirme o posiblemente tratar de morderme. ¡Eso podrá doler!

En lugar de eso, espero hasta que termine y eso lo hace feliz.

Exactamente como yo, los cachorros necesitan aprender muchas cosas nuevas. Estamos entrenando a Cooper para ir al baño afuera. Si Cooper va al baño en la alfombra, no me enojo ni lo regaño. ¡Eso podrá doler!

En lugar de eso, yo lo guío pacientemente a donde ir y eso lo hace feliz.

Los cachorros son lindos exactamente como yo. Cooper es suave y cariñoso. Le gusta especialmente cuando froto su estómago mullido. Nunca le jalo las orejas ni la cola y no lo aprieto demasiado. ¡Eso podrá doler!

En lugar de eso, lo acaricio tiernamente y eso lo hace feliz.

Exactamente como yo, los cachorros tienen mucha energía. A Cooper le encanta jugar, pero se cansa muy rápido. Cuando tiene sueño, lo dejo de descansar o posiblemente tomar una siesta. No le empujo a despertar. ¡Eso podrá doler!

En lugar de eso, espero hasta que esté listo para jugar de nuevo y eso lo hace feliz.

Cooper tiene dientes de leche exactamente como yo.
Papá dice que le gusta masticar cosas para que se sientan
mejor. A veces Cooper toma mis zapatos y mis juguetes
para masticar. Si Cooper toma la decisión equivocada, no
le pego. ¡Eso podrá doler!

En lugar de eso, le doy su propio juguete o un hueso para cachorros para masticar y eso lo hace feliz.

Exactamente como yo, los cachorros tienen curiosidad del mundo que los rodea. A Cooper especialmente le gusta ir a pasear en nuestro barrio, pero se camina un poco lento. Nunca lo jalo para ir más rápido. ¡Eso podrá doler!

En lugar de eso, camino junto a él dejándolo olfatear y explorar cuando paseamos y eso lo hace feliz.

A los cachorros les encanta jugar exactamente como yo.
A Cooper le gusta cuando le tiro una pelota para que la
traiga. Nunca le aviento la pelota. ¡Eso podrá doler!

En lugar de eso, tiro la pelota para que pueda correr para conseguirla y eso lo hace feliz.

Los cachorros son rápidos exactamente como yo. Si dejo abierto nuestra puerta o portón, Cooper podría escapar y correr a la calle e incluso perderse. ¡Eso podrá doler!

En lugar de eso, tengo que recordarme de hacer mi parte para mantenerlo sin peligro y eso lo hace feliz.

Los cachorros son inteligentes exactamente como yo.
También pueden aprender trucos. Cooper está aprendiendo
a "sentarse" y "quedarse". A veces se confunde, pero no le
grito. ¡Eso podrá doler!

En lugar de eso, le pregunto de nuevo bien con calma o le muestro delicadamente qué hacer. Le doy una deliciosa golosina o una palmadita a la cabeza cuando hace algo y eso lo hace feliz.

Los cachorros necesitan comer comida especial hecha sólo para ellos. Me gustaría compartir mis comidas favoritas con Copper, pero podría no ser bueno para él. Posiblemente podría darle un dolor de estómago. ¡Eso podrá doler!

En lugar de eso, me aseguro de que sólo come su comida y no la mía y eso lo hace feliz!

Mi familia lo nombró Cooper por una razón muy especial.
Él lleva un collar de perro con una etiqueta con su nombre
todo el tiempo. Si se la quito y se pierde, es posible que no
pueda regresar a casa. ¡Eso podrá doler!

En lugar de eso, siempre le dejo puesto su collar. De esta manera podrá regresar a casa a mi familia y eso me hace feliz.

Exactamente como yo, Cooper está creciendo y aprendiendo todos los días. Si soy amable, paciente y suave con él, se convertirá en un perro bien educado. Cooper es mi mejor amigo y una parte muy especial de mi familia. ¡Él me quiere tanto como yo lo quiero y eso nos hace felices!